Impressum
Verlag: BABADADA GmbH, Nedderfeld 112 , 22529 Hamburg
Geschäftsführer / Verlagsleitung: Harald Hof
Druck: Books on Demand GmbH, In de Tarpen 42, 22848 Norderstedt

Imprint
Publisher: BABADADA GmbH, Nedderfeld 112 , 22529 Hamburg, Germany
Managing Director / Publishing direction: Harald Hof
Print: Books on Demand GmbH, In de Tarpen 42, 22848 Norderstedt, Germany

škola
школа

učionica
учиона

dijeliti
делити

186/2

tabla
плоча

školsko dvorište
школско двориште

učitelj, nastavnik
наставник

papir
папир

pisati
писати

olovka
хемијска оловка

pisaći sto
писаћи сто

lenjir
лењир

knjiga
књига

učenik
ученик

torba
торба

pernica
перница

drvena olovka
графитна оловка

šiljalo za olovke
шиљило за оловке

gumica
гумица за брисање

blok za crtanje
блок за цртање

crtež

цртеж

kist

кист

kutija s bojama

кутија са бојама

makaze

маказе

ljepilo

лепило

vježbanka

бележница

domaća zadaća

домаћи задатак

broj

број

sabirati

сабирати

oduzimati

одузимати

množiti

множити

računati

рачунати

slovo

слово

abeceda

абецеда

riječ

реч

tekst

текст

čitati

читати

kreda

креда

sat

час

školski dnevnik

дневник

ispit

испит

svjedočanstvo

сведочанство

školska uniforma

школска униформа

izobrazba

образовање

leksikon

лексикон

univerzitet

универзитет

mikroskop

микроскоп

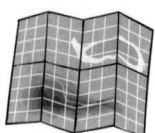

karta

карта

korpa za papir

кошара за папир

4   škola - школа

putovanje
путовање

hotel
хотел
Grand
hostel
преноћиште
ROOMS
mjenjačnica
мењачница
kofer
кофер
auto
ауто

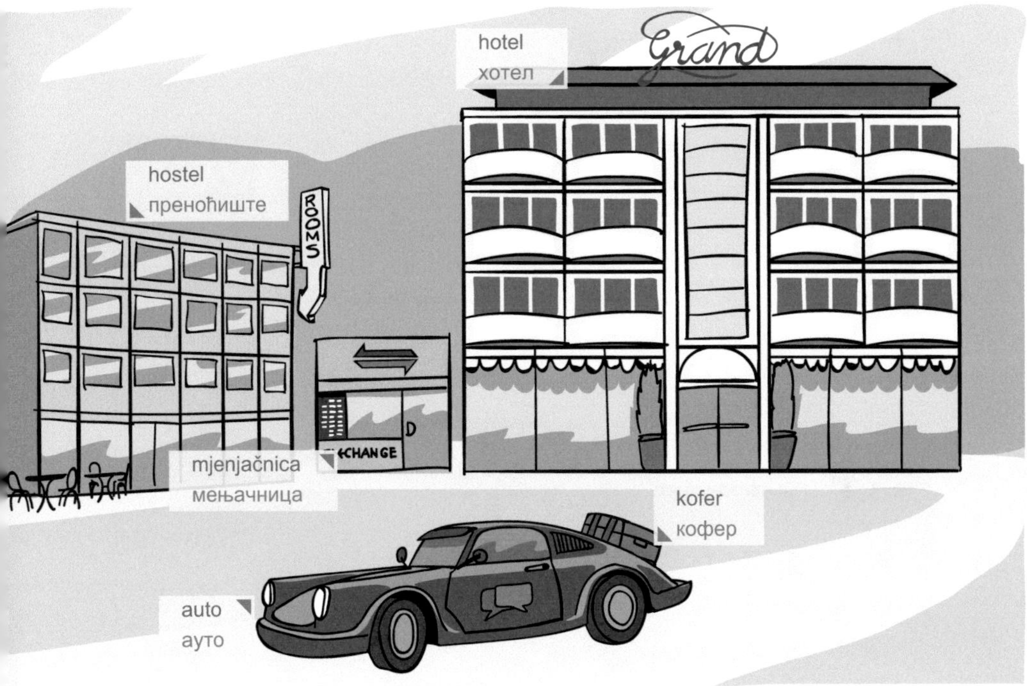

jezik
језик

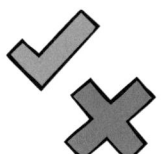

da / ne
да / не

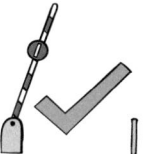

okej
океј

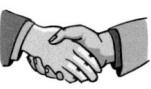

zdravo
здраво

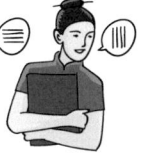

tumač
преводилац

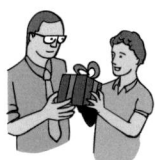

hvala
хвала

Koliko košta...?

Колико кошта...?

Ne razumijem

не разумем

problem

проблем

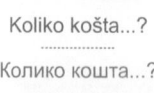

dobro veče!

добро вече!

Dobro jutro!

Добро јутро!

Laku noć!

Лаку ноћ!

doviđenja

довиђења

smjer

смер

prtljag

пртљага

torba

торба

ruksak

руксак

gost

гост

soba

соба

vreća za spavanje

вређа за спавање

šator

шатор

turističke informacije

туристичке информације

plaža

плажа

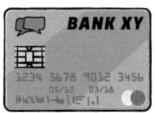

kreditna kartica

кредитна картица

doručak

доручак

ručak

ручак

večera

вечера

putna karta

карта за вожњу

lift

лифт

poštanska markica

поштанска маркица

granica

граница

carina

царина

ambasada

амбасада

viza

виза

pasoš

пасош

transport
транспорт

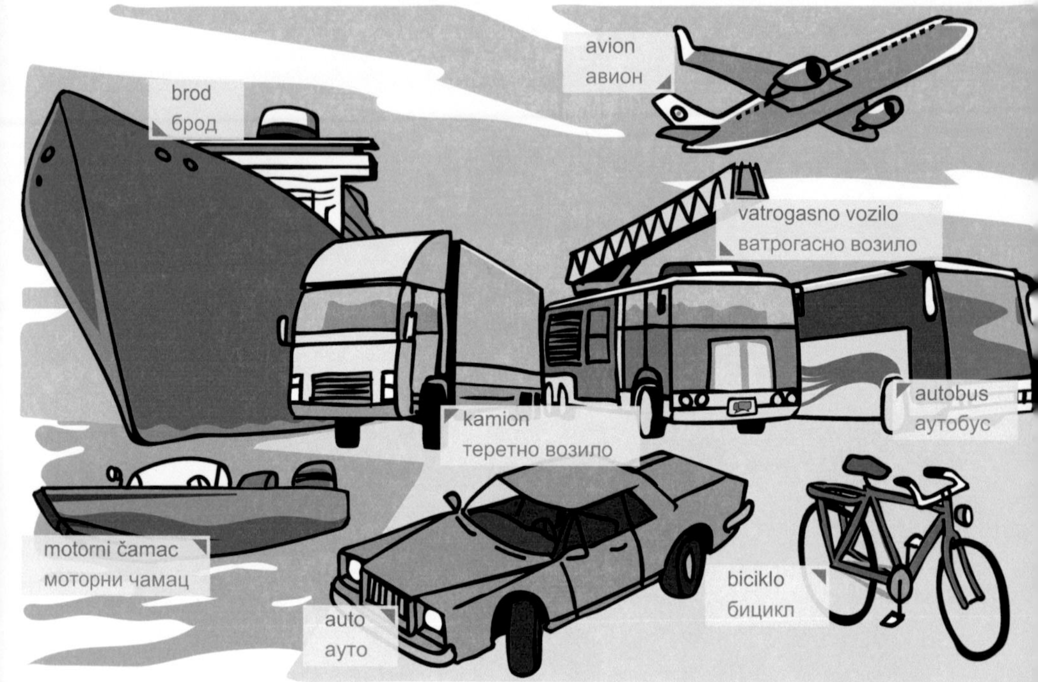

avion
авион

brod
брод

vatrogasno vozilo
ватрогасно возило

autobus
аутобус

kamion
теретно возило

motorni čamac
моторни чамац

biciklo
бицикл

auto
ауто

trajekt

трајект

brod

чамац

motocikl

мотоцикл

policijski automobil

полицијски ауто

trkaći automobil

тркаћи ауто

unajmljeni automobil

изнајмљено ауто

8   transport - транспорт

kar-šering

дељење аутомобила

pauk

вучно возило

smećarsko vozilo

возило за одвоз смећа

motor

мотор

gorivo

бензин

benzinska pumpa

бензинска станица

saobraćajni znak

саобраћајни знак

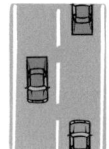

saobraćaj

саобраћај

zastoj

застој

parking

паркиралиште

željeznička stanica

железничка станица

šine

шине

voz

воз

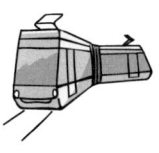

tramvaj

трамвај

vagon

вагон

helikopter

хеликоптер

aerodrom

аеродром

toranj

кула

putnik

путник

kontejner

контејнер

karton

картон

tačke

колица

korpa

корпа

poletjeti / sletjeti

узлетети / слетети

grad

град

selo

село

centar grada

центар града

kuća

кућа

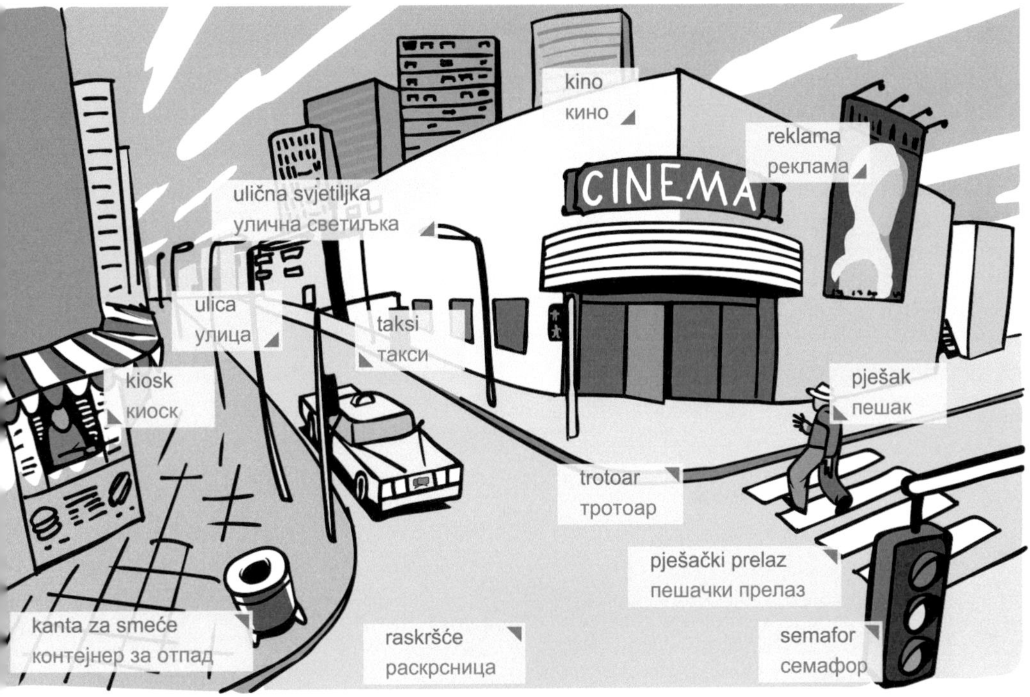

kino
кино

reklama
реклама

CINEMA

ulična svjetiljka
улична светиљка

ulica
улица

taksi
такси

pješak
пешак

kiosk
киоск

trotoar
тротоар

pješački prelaz
пешачки прелаз

kanta za smeće
контејнер за отпад

raskršće
раскрсница

semafor
семафор

koliba

колиба

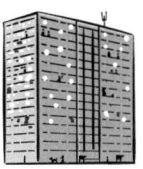

stan

стан

željeznička stanica

железничка станица

vjećnica

већница

muzej

музеј

škola

школа

univerzitet

универзитет

banka

банка

bolnica

болница

hotel

хотел

apoteka

апотека

ured

канцеларија

knjižara

књижара

radnja

продавница

cvjećara

цвећара

supermarket

супермаркет

pijaca

трг

robna kuća

робна кућа

prodavač ribe

рибарница

trgovački centar

трговачки центар

luka

лука

12

grad - град

park

парк

klupa

клупа

most

мост

stepenice

степенице

podzemna željeznica

подземна железница

tunel

тунел

autobuska stanica

аутобуска станица

bar

бар

restoran

ресторан

poštanski sandučić

поштанско сандуче

saobraćajni znak

улични знак

sat za naplatu parkinga

паркирни аутомат

zološki vrt

зоолошки врт

bazen

базен

džamija

џамија

seosko imanje

сеоско газдинство

zagađenje okoline

загађење околине

groblje

гробље

crkva

црква

igralište

игралиште

hram

храм

krajolik

пејсаж

list
лист

putokaz
путоказ

putokaz
пут

livada
ливада

kamen
камен

drvo
дрво

putnik
шетач

rijeka
река

trava
трава

cvijet
цвет

dolina

долина

brdo

планина

jezero

језеро

šuma

шума

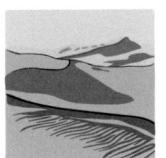

pustinja

пустиња

vulkan

вулкан

dvorac

дворац

duga

дуга

gljiva

гљива

palma

палма

komarac

москито

muha

мува

mrav

мрав

pčela

пчела

pauk

паук

buba

буба

žaba

жаба

vjeverica

веверица

jež

јеж

zec

зец

sova

сова

ptica

птица

labud

лабуд

divlja svinja

дивља свиња

jelen

јелен

los

лос

brana

насип

vjetrenjača

ветрењача

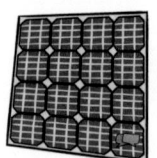

solarni modul

соларна плоча

klima

клима

restoran
ресторан

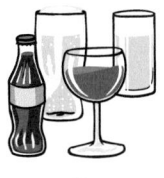

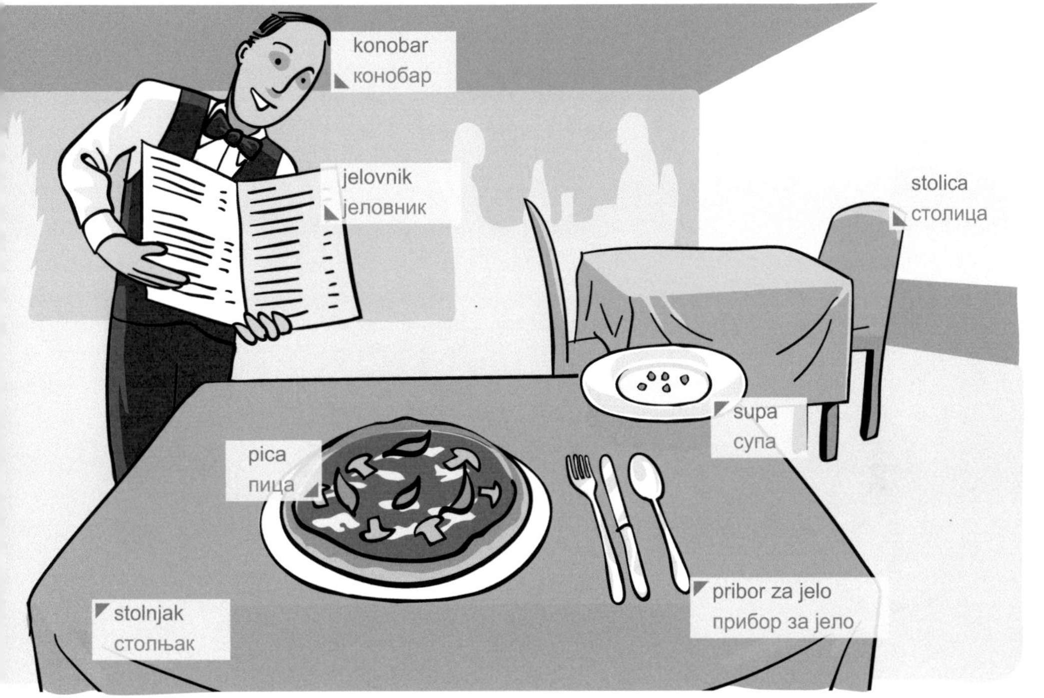
konobar
конобар
jelovnik
јеловник
stolica
столица
supa
супа
pica
пица
pribor za jelo
прибор за јело
stolnjak
стољњак

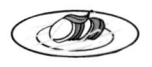

predjelo

предјело

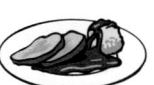

glavno jelo

главно јело

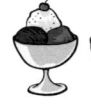

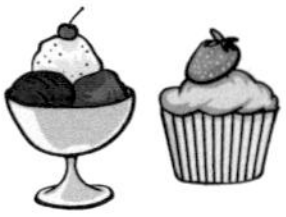

desert

десерт

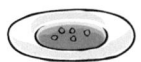

piće

напитци

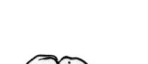

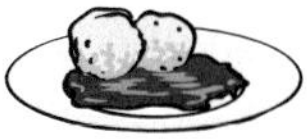

jelo

јело

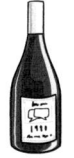

flaša

флаша

brza hrana

брза храна

jelo sa ulice

имбис храна

čajnik

чајник

šećernica

доза за шећер

porcija

порција

mašina za espreso

апарат за еспресо

barska stolica

висока столица

račun

рачун

tacna

послужавник

nož

нож

viljuška

виљушка

kašika

кашика

kašičica

чајна кашика

salveta

салвета

čaša

чаша

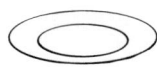

tanjir

тањир

tanjir za supu

тањир за супу

tanjurić

тањирић

sos

сос

solanik

сољенка

mlin za biber

млин за бибер

sirće

сирће

ulje

уље

začini

зачини

kečap

кечап

senf

сенф

majoneza

мајонеза

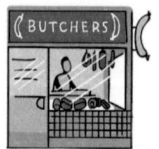

supermarket

супермаркет

ponuda
понуда
FOR
klijent
купац
mliječni proizvodi
млечни производи
voće
воће
kolica za kupovinu
колица за куповину

BUTCHERS

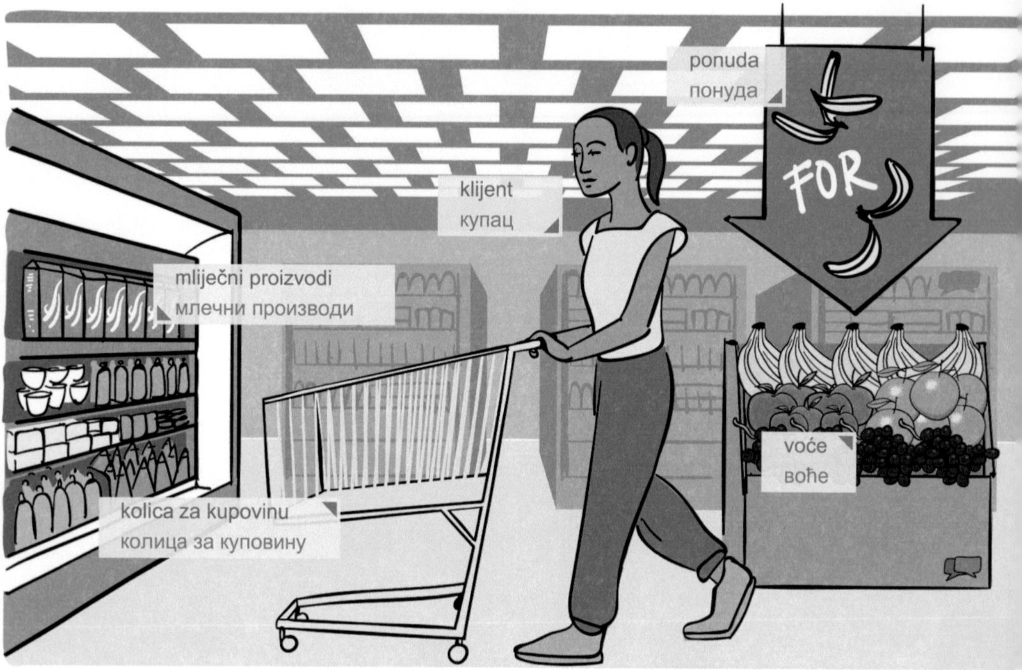

mesnica- klaonica

месница

BAKERY

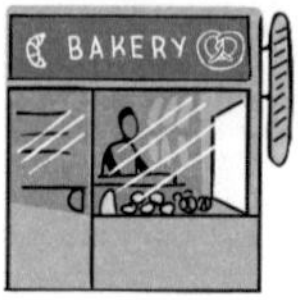

pekara

пекара

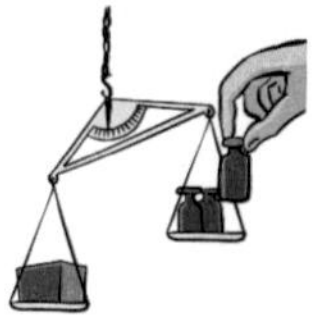

vagati

вагати

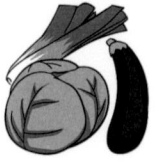

povrće

поврће

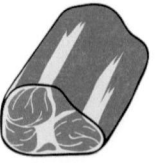

meso

месо

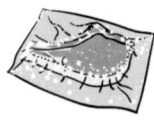

zaleđena hrana

смрзнута храна

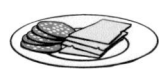

narezak

нарезак

konzerve

конзерве

prašak za veš

средство за прање

slatkiši

слаткиши

kućanski proizvodi

артикли за домаћинство

sredstvo za čišćenje

средства за чишћење

prodavačica

продавачица

kasa

благајна

blagajnik

благајник

lista za kupovinu

листа за куповину

radno vrijeme

време рада

novčanik

новчаник

kreditna kartica

кредитна картица

torba

торба

najlonska vrećica

пластична кеса

piće

напитци

voda
вода

sok
сок

mlijeko
млеко

kola
кола

vino
вино

pivo
пиво

alkohol
алкохол

kakao
какао

čaj
чај

kafa
кава

espreso
еспресо

kapućino
капучино

banana

банана

jabuka

јабука

narandža

наранџа

lubenica

лубеница

limun

лимун

mrkva

шаргарепа

bijeli luk

бели лук

bambus

бамбус

crveni luk

лук

gljiva

гљива

orašasti plodovi

орашасти плодови

pasta

резанци

špagete

шпагете

riža

рижа

salata

салата

pomfrit

помфрит

pečeni krompir

печени крумпир

pica

пица

hamburger

хамбургер

sendvič

сендвич

šnicla

шницла

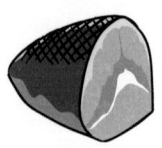

šunka

шунка

kobasica

салама

kobasica

кобасица

kokoš

кокош

pečenje

печење

riba

риба

zobene pahuljice

зобене пахуљице

muzli

мусли

kornfleks

кукурузне пахуљице

brašno

брашно

kroason

кроасан

zemičke

пециво

kruh

хлеб

tost

тост

keksi

кекси

maslac

маслац

svježi sir

свежи сир

kolač

колач

jaje

jaje

jaje na oko

jaje на око

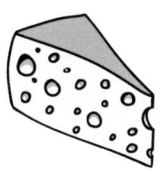

sir

сир

sladoled

сладолед

šećer

шећер

med

мед

marmelada

мармелада

nugat krema

нугат крема

kuri

кари

seosko imanje

сеоско газдинство

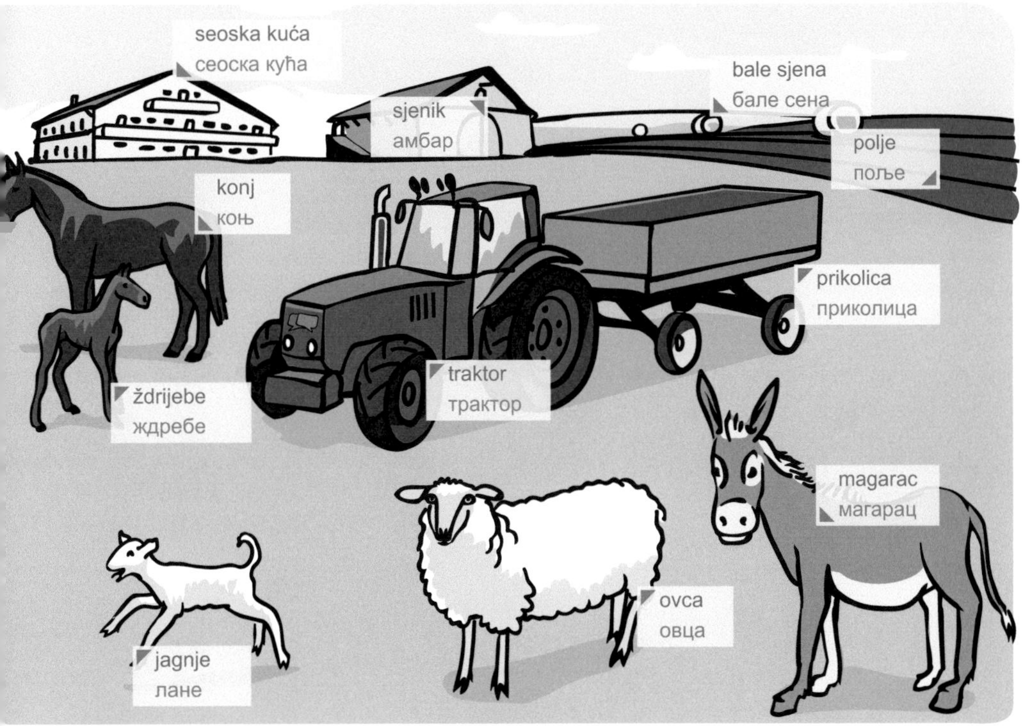
seoska kuća
сеоска кућа
bale sjena
бале сена
sjenik
амбар
polje
поље
konj
коњ
prikolica
приколица
traktor
трактор
ždrijebe
ждребе
magarac
магарац
ovca
овца
jagnje
лане

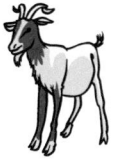

koza

коза

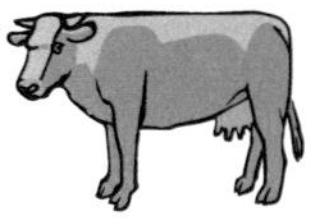

krava

крава

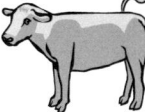

tele

теле

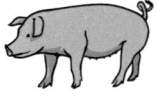

svinja

свиња

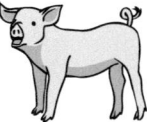

prase

прасе

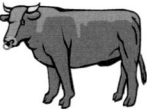

bik

бик

guska

гуска

patka

патка

pile

пилићи

kokoška

кокош

pjetao

петао

pacov

пацов

mačka

мачка

miš

миш

vol

вол

pas

пас

pseća kućica

кућица за пса

crijevo za baštu

вртно црево

kanta za zalijevanje

канта за поливање

kosa

коса

plug

плуг

srp

срп

motika

мотика

vile

виљушка за ђубриво

sjekira

секира

tačke

тачке

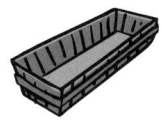

korito

корито

bokal za mlijeko

посуда за млеко

vreća

вређа

ograda

ограда

štala

штала

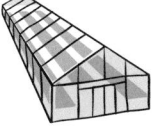

staklenik

стакленик

tlo

земља

sjeme

семе

đubrivo

ђубриво

kombajn

комбајн

kositi

жети

žetva

жетва

jam korijen

јамс зачин

pšenica

пшеница

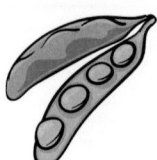

soja

соја

krompir

крумпир

kukuruz

кукуруз

uljana repica

уљана репица

drvo voća

воћка

manioka

гомољ маниоке

žito

житарице

kuća
кућа

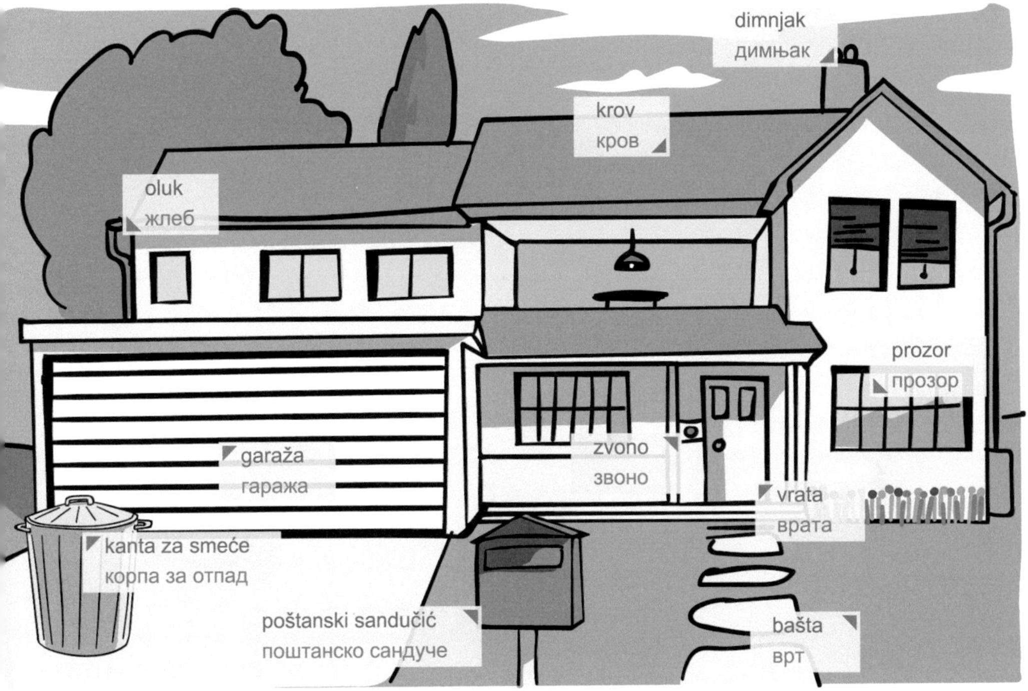
dimnjak
димњак
krov
кров
oluk
жлеб
prozor
прозор
zvono
звоно
garaža
гаража
vrata
врата
kanta za smeće
корпа за отпад
poštanski sandučić
поштанско сандуче
bašta
врт

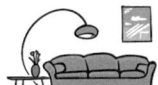

dnevni boravak
дневна соба

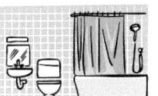

kupatilo
купаоница

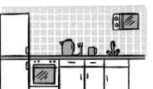

kuhinja
кухиња

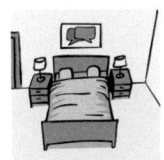

spavaća soba
спаваћа соба

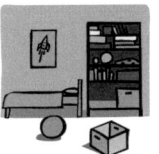

dječija soba
дечија соба

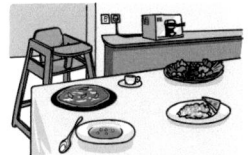

trpezarija
трпезарија

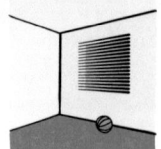

pod, tlo

под

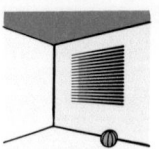

zid

зид

plafon

строп

podrum

подрум

sauna

сауна

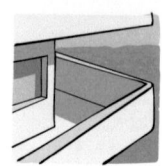

balkon

балкон

terasa

тераса

bazen

базен

kosilica

косилица за траву

posteljina

постељина за кревет

pokrivač

дека за кревет

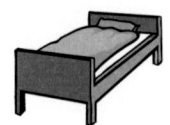

krevet

кревет

metla

метла

kanta

канта

prekidač

прекидач

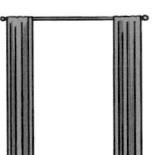

dnevni boravak
дневна соба

tapeta
тапета
fotografija
слика
lampa
светиљка
polica
регал
ormar
ормар
televizija
телевизија
dimnjak
камин
cvijet
цвет
jastuk
јастук
kauč
кауч
vaza
ваза
daljinski upravljač
даљински управљач

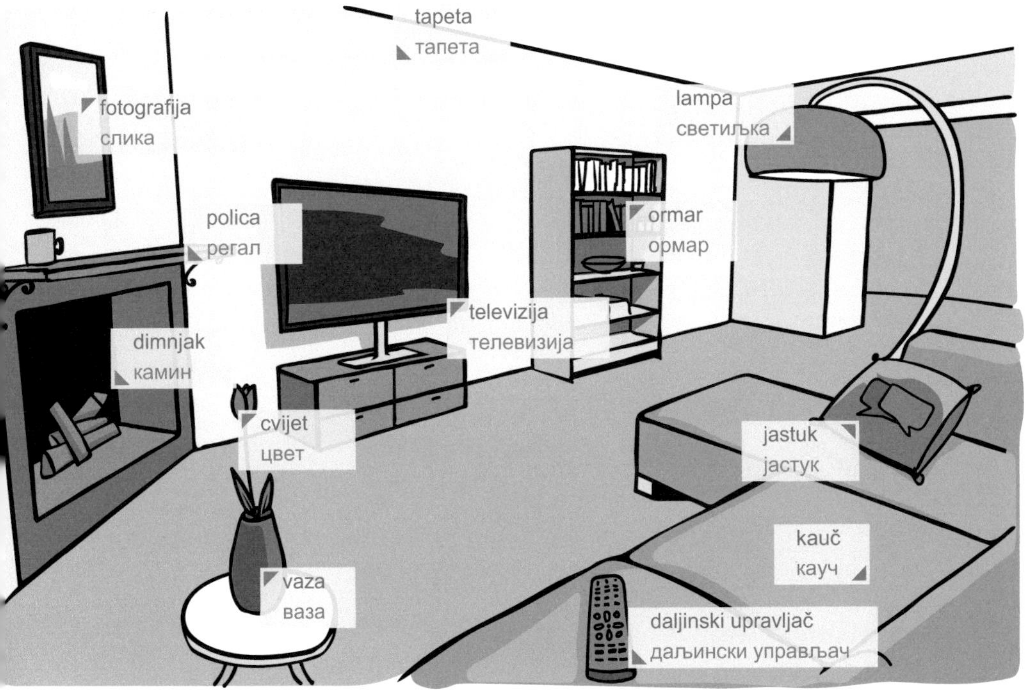

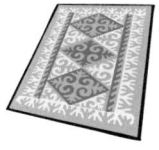

tepih
тепих

zavjesa
завеса

stol
сто

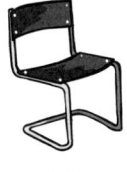

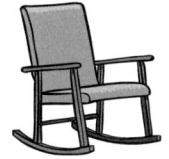

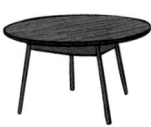

stolica
столица

stolica za ljuljanje
столица за њихање

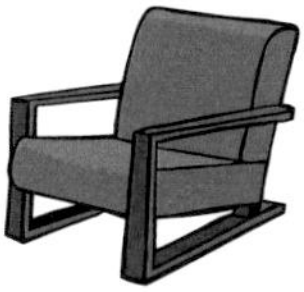

fotelja
фотеља

knjiga

књига

deka

дека

dekoracija

декорација

ložno drvo

дрво за огрев

film

филм

stereo uređaj

хи-фи уређај

ključ

кључ

novine

новине

umjetnička slika

слика на платну

poster

постер

radio

радио

blok za bilješke

блок за писање

usisavač

усисивач

kaktus

кактус

svijeća

свећа

kuhinja
кухиња

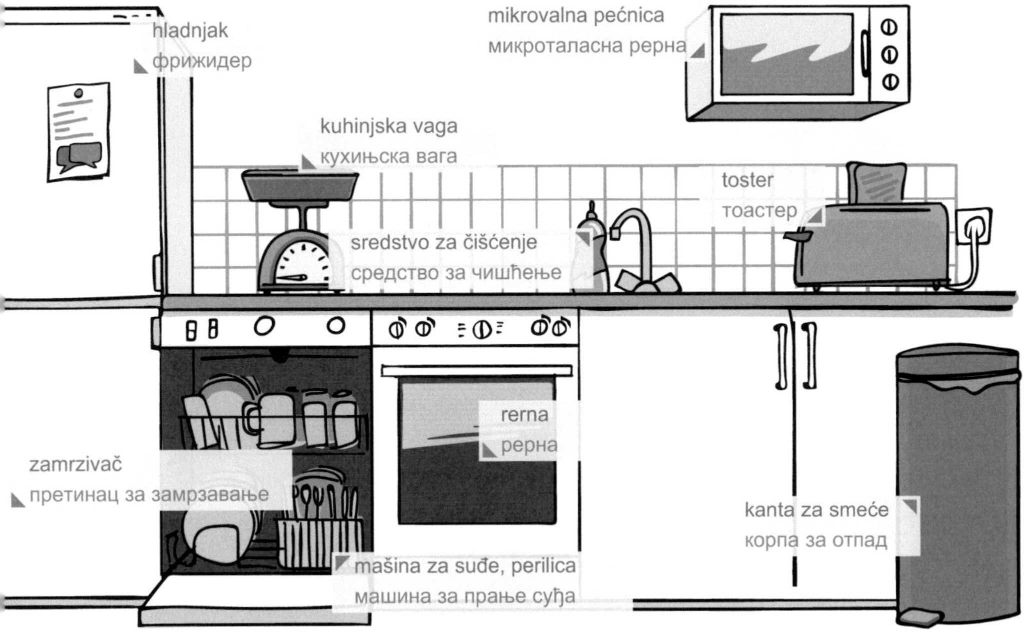

hladnjak
фрижидер
mikrovalna pećnica
микроталасна рерна
kuhinjska vaga
кухињска вага
toster
тоастер
sredstvo za čišćenje
средство за чишћење
rerna
рерна
zamrzivač
претинац за замрзавање
kanta za smeće
корпа за отпад
mašina za suđe, perilica
машина за прање суђа

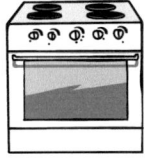

peć

шпорет

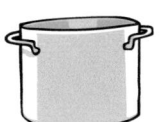

lonac

лонац

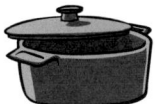

metalni lonac

гвоздени лонац

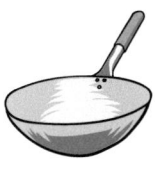

vok / kadai

вок / кадаи

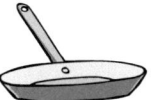

tava, tiganj

тава

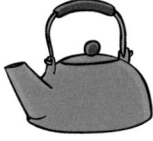

kuhalo

кувало за воду

aparat za kuhanje na pari

кувало на пару

lim za pečenje

лим за печење

posuđe

посуђе

šalica

чаша

činija

посуда

kineski štapići

штапићи за јело

kutlača

кутлача

lopatica

лопатица

metlica za snijeg bjelanjca

пењача

sito za kuhanje

сито за кување

sito

сито

ribež

рибеж

avan s tučkom

мужар

roštilj

роштиљ

ložište

огњиште

daska

даска

oklagija

оклагија

vadičep

вадичеп

konzerva

конзерва

otvarač za konzerve

отварач конзерви

krpe za lonac

крпа за лонац

sudoper

судопер

četka

четка

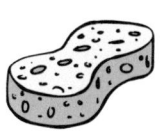

spužva

сунђер

mikser

миксер

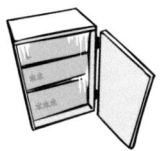

zamrzivač

замрзивач

flašica za bebu

флашица за бебе

slavina

славина за воду

kupatilo

купаоница

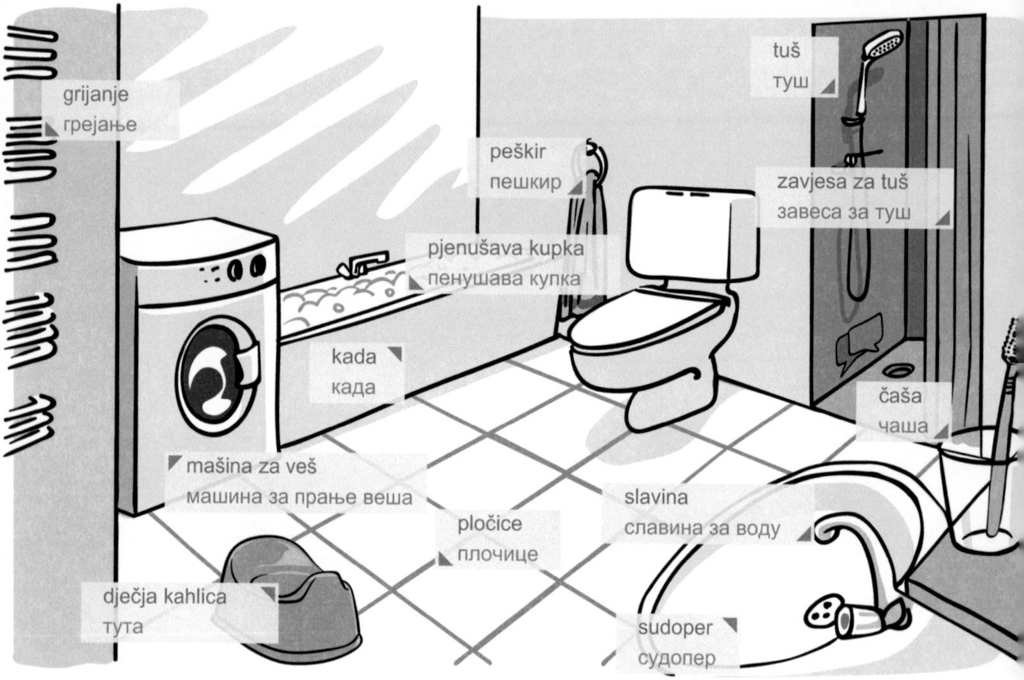

tuš
туш

grijanje
грејање

peškir
пешкир

zavjesa za tuš
завеса за туш

pjenušava kupka
пенушава купка

kada
када

čaša
чаша

mašina za veš
машина за прање веша

slavina
славина за воду

pločice
плочице

dječja kahlica
тута

sudoper
судопер

toalet
....
тоалет

čučavac
....
чучавац

bide
....
бидет

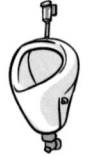

pisoar
....
писоар

toalet papir
....
тоалетни папир

četka za wc
....
четка за тоалет

četkica za zube

четкица за зубе

pasta za zube

паста за зубе

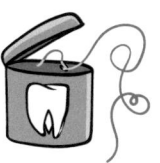

zubni konac

конац за зубе

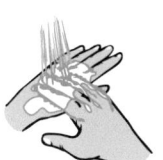

prati

прати

tuš

туш ручица

intimni tuš

туш за прање интимних делова

lavor

лавор

četka za leđa

четка за прање леђа

sapun

сапун

gel za tuširanje

гел за туширање

šampon

шампон

krpe za pranje

крпа за прање

odvod

одвод

krema

крема

dezodorans

дезодоранс

ogledalo

огледало

ogledalo za šminkanje

козметичко огледало

brijač

бријач

pjena za brijanje

пена за бријање

vodica poslije brijanja

лосион за после бријања

češalj

чешаљ

četka

четка

fen

фен за косу

sprej za kosu

спреј за косу

puder

шминка

karmin

руж за усне

lak za nokte

лак за нокте

vata

вата

makazice za nokte

маказе за нокте

parfem

парфем

kozmetička torbica

козметичка торбица

hoklica

столица

vaga

вага

kupaći ogrtač

огртач

rukavice za čišćenje

рукавице за чишћење

tampon

тампон

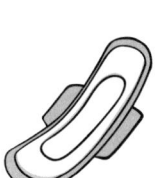

uložak za dame

уложак

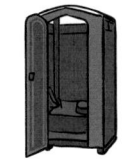

hemijski toalet

хемијски тоалет

dječija soba
дечија соба

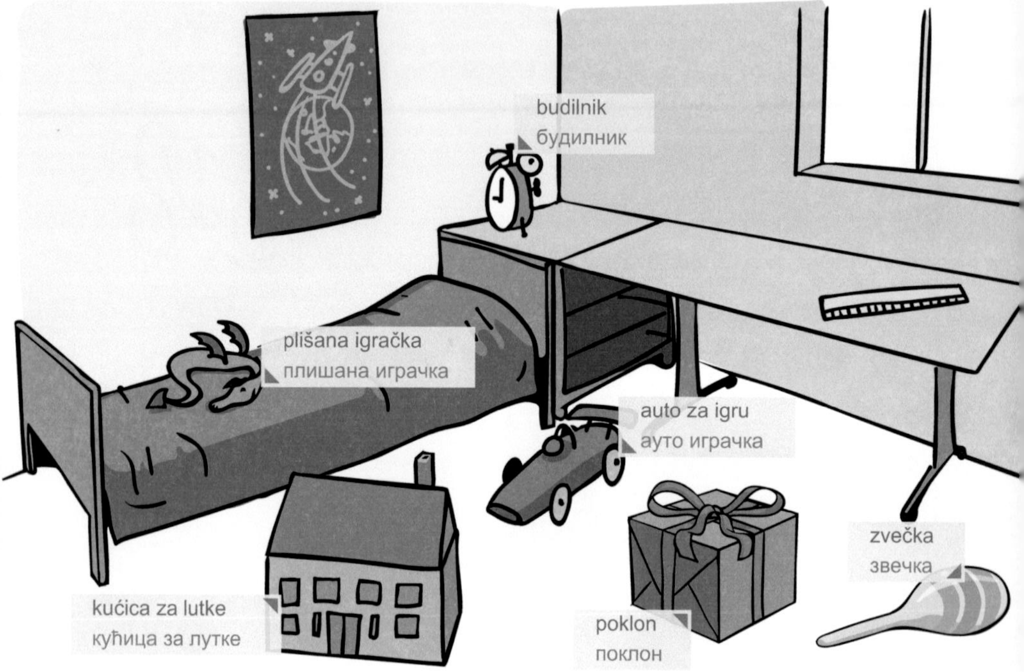

budilnik
будилник

plišana igračka
плишана играчка

auto za igru
ауто играчка

kućica za lutke
кућица за лутке

poklon
поклон

zvečka
звечка

balon
балон

krevet
кревет

kolica za djecu
дјечија колица

karte za igranje
игра са картама

puzle
слагалица

strip
стрип

lego kockice

лего коцкице

kockice za gradnju

коцкице за слагање

akcione figure

акциони јунак

benkica

бенкица за бебе

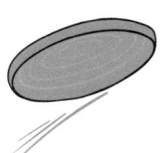

frizbi

фризби

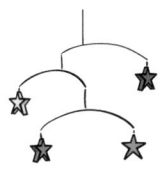

mobile

висеће играчке

igra na ploči

друштвене игре

kocka

коцка

miniatura željeznice

минијатурна жељезница

cucla

дуда

zabava

забава

slikovnica

сликовница

lopta

лопта

lutka

лутка

igrati

играти

pješćanik

пешчаник

ljuljačka

љуљачка

igračke

играчка

konzola za igru

конзола за игре

triciklo

трицикл

medvjedić

теди

ormar

ормар

odjeća

одећа

kratke čarape

кратке чарапе

čarape

чарапе

hulahopke

хулахопке

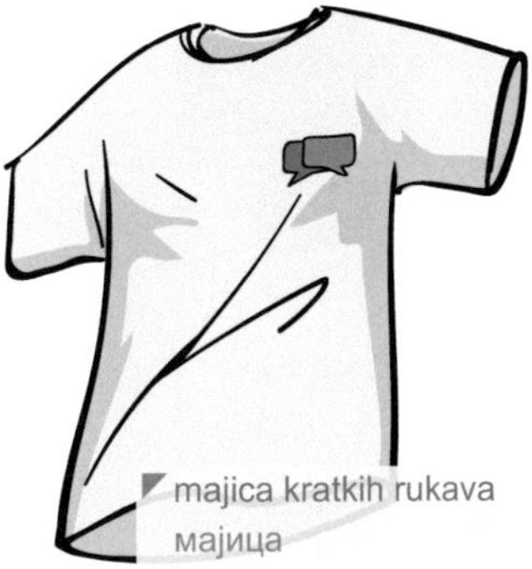

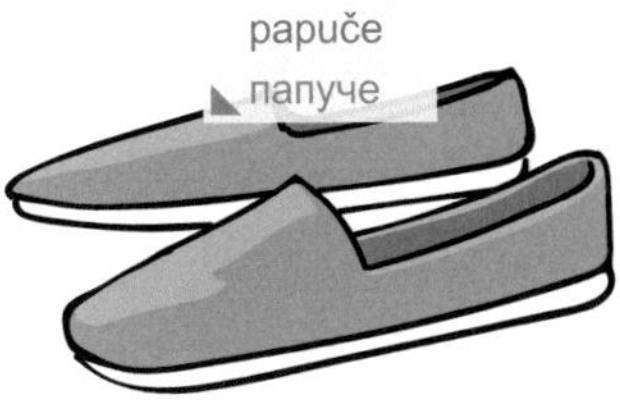

šal
шал

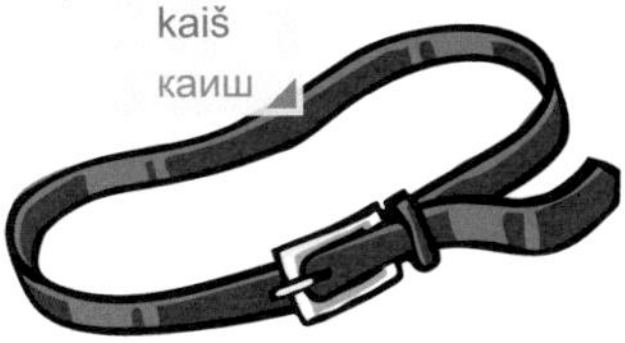

kišobran
кишобран

kaiš
каиш

majica kratkih rukava
мајица

čizme
чизме

papuče
папуче

patike
патике

sandale
сандале

cipele
ципеле

gumene čizme
гумене чизме

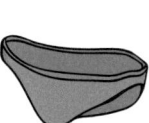

gaće
гаћице

grudnjak
грудњак

potkošulja
поткошуља

bodi

боди

hlače

панталоне

farmerke

фармерке

suknja

сукња

bluza

блуза

košulja

кошуља

džemper

џемпер

majica

џемпер с капуљачом

sako

сако

jakna

јакна

mantil

мантил

kišni mantil

кабаница

kostim

костим

haljina

хаљина

vjenčanica

венчаница

odijelo

одело

spavaćica

спаваћица

pidžama

пиџама

sari

сари

marama

марама за главу

turban

турбан

burka

бурка

kaftan

кафтан

abaja

абаја

kupaći kostim

купаћи костим

kupaće gaće

купаће гаћице

kratke hlače

кратке панталоне

trenerka

одећа за тренинг

pregača

кецеља

rukavice

рукавице

dugme

дугме

naočare

наочаре

narukvica

наруквица

ogrlica

огрлица

prsten

прстен

naušnica

наушница

kapa

капа

vješalica

вешалица

šešir

шешир

kravata

кравата

patentni zatvarač

патент затварач

kaciga

кацига

tregeri za hlače

нараменице

školska uniforma

школска униформа

uniforma

униформа

podbradak

подбрадак

cucla

дуда

pelene

пелена

ured
канцеларија

server
сервер

ormar za kartoteku
ормар за списе

štampač
штампач

papir
папир

monitor
монитор

pisaći sto
писаћи сто

miš
миш

registrator
мапа

tastatura
тастатура

korpa za papir
кошара за папир

kompjuter
компјутер

stolica
столица

šolja za kafu

шалица за каву

kalkulator

калкулатор

internet

интернет

laptop

лаптоп

pismo

писмо

poruka

порука

mobilni telefon

мобилни телефон

mreža

мрежа

aparat za kopiranje

уређај за копирање

softver

софтвер

telefon

телефон

utičnica

утичница

faks

факс

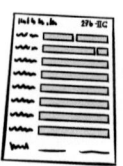

formular

формулар

dokument

документ

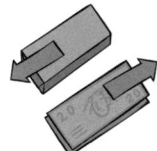

kupovati

куповати

platiti

платити

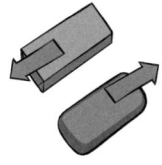

trgovati

трговати

novac

новац

dolar

долар

euro

евро

jen

јен

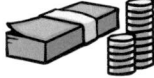

rublja

рубља

franak

швајцарски франак

renminbi jen

ренминдби јуан

rupi

рупија

bankomat

аутомат за новац

| mjenjačnica | zlato | srebro |
| менячница | злато | сребро |

| nafta | energija | cijena |
| нафта | енергија | цена |

  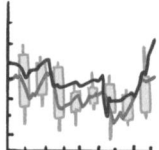

| ugovor | porez | akcija |
| уговор | порез | деонице |

| raditi | službenik | poslodavac |
| радити | службеник | послодавац |

| fabrika | radnja |
| фабрика | продавница |

zanimanja

занимања

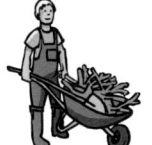

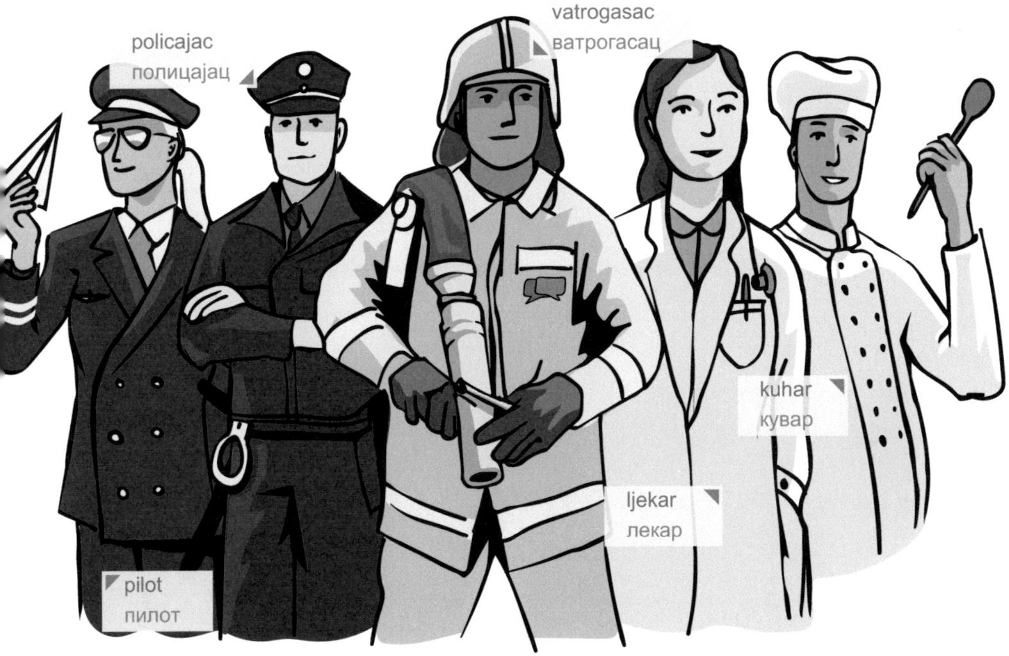

policajac
полицајац
vatrogasac
ватрогасац
kuhar
кувар
ljekar
лекар
pilot
пилот

baštovan
вртлар

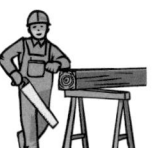

stolar
столар

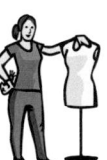

krojačica
кројачица

sudija
судија

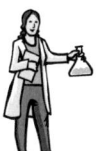

hemičar
хемичар

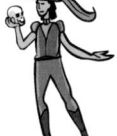

glumac
глумац

vozač autobusa

возач аутобуса

vozač taksija

возач таксија

ribar

рибар

čistačica

чистачица

krovopokrivač

кровопокривач

konobar

конобар

lovac

ловац

moler

сликар

pekar

пекар

električar

електричар

građevinski radnik

грађевински радник

inženjer

инжењер

koljač

месар

limar, vodoinstalater

лимар

poštar

поштар

vojnik

војник

arhitekta

архитекта

blagajnik

благајник

cvjećar

цвећар

frizer

фризер

kontrolor

кондуктер

mehaničar

механичар

kapiten

капетан

zubar

зубар

naučnik

научник

rabin

раби

imam

имам

monah

монах

sveštenik

свећеник

alat

алати

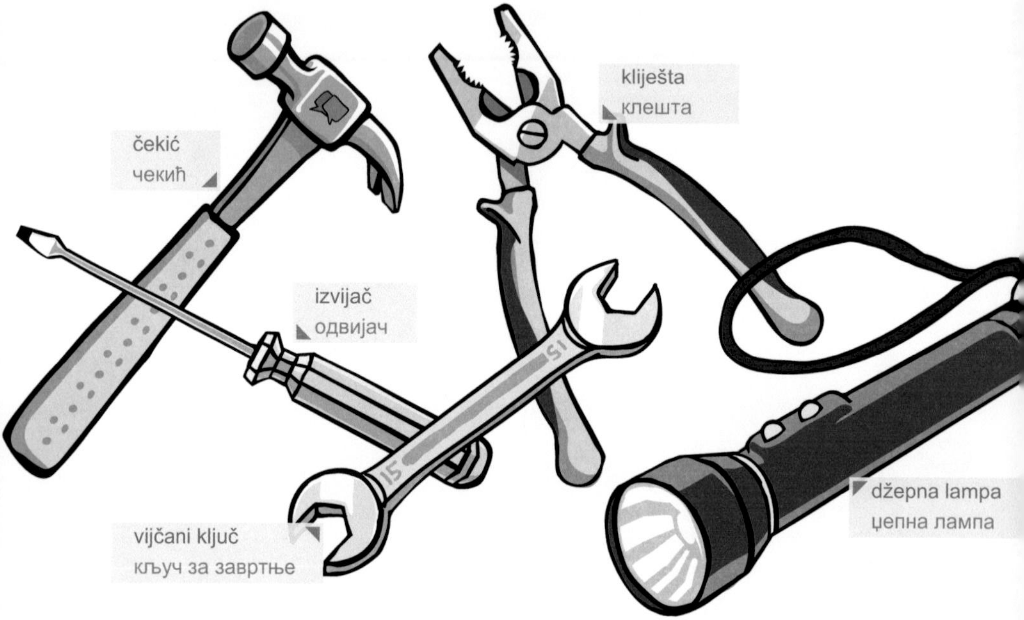

čekić
чекић
kliješta
клешта
izvijač
одвијач
vijčani ključ
кључ за завртње
džepna lampa
џепна лампа

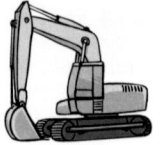

bager

багер

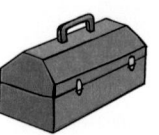

kutija sa alatom

кутија за алат

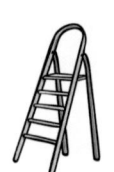

ljestve

мердевине

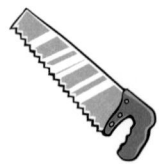

testera, pila

пила

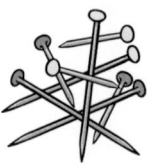

ekser

ексер

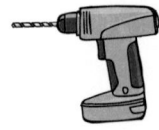

bušilica

бушилица

popraviti

поправити

lopata

лопата

sranje!

до ђавола!

lopatica

лопатица

kanta boje

лонац за бoju

vijak

завртањи

muzički instrumenti
музички инструмент

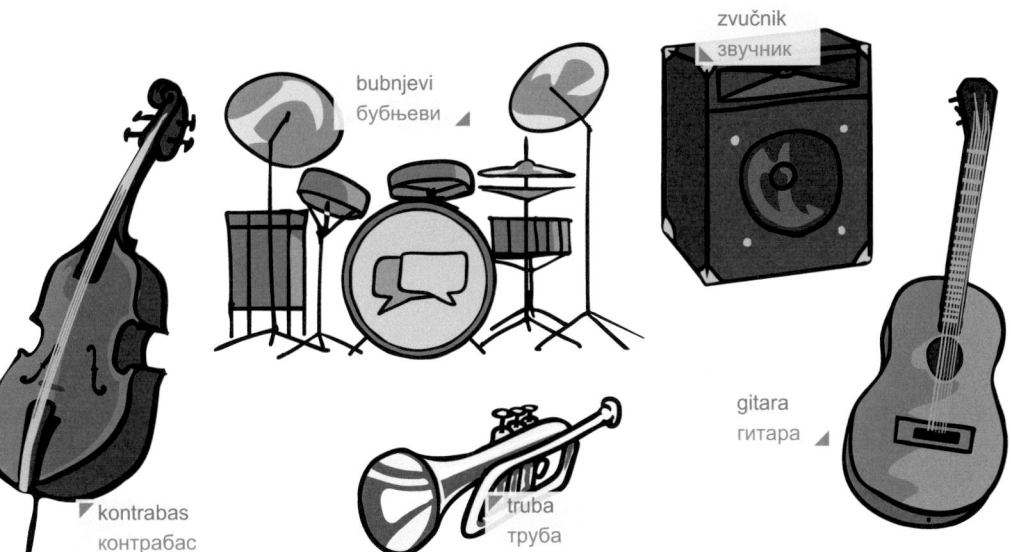

zvučnik
звучник

bubnjevi
бубњеви

gitara
гитара

kontrabas
контрабас

truba
труба

klavir

клавир

violina

виолина

bas

бас

bubanj timpani

тимпани

bubanj

удараљке за бубњеве

sintisajzer

типке клавира

saksofon

саксофон

flauta

флаута

mikrofon

микрофон

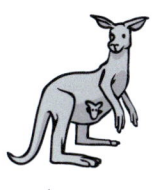

zološki vrt

зоолошки врт

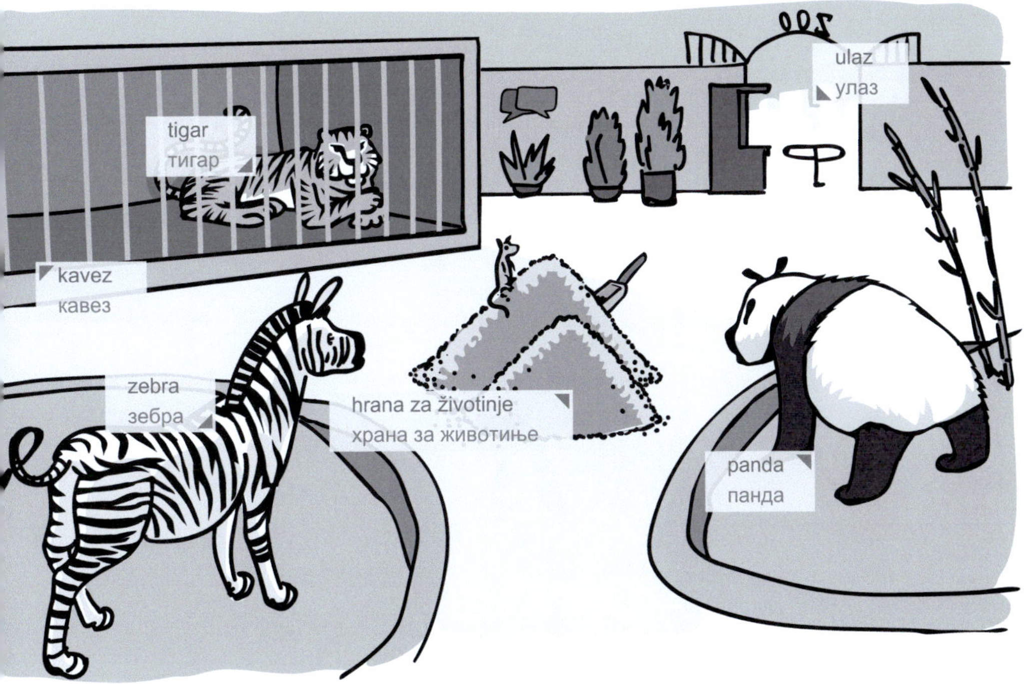
ulaz
улаз
tigar
тигар
kavez
кавез
zebra
зебра
hrana za životinje
храна за животиње
panda
панда

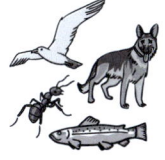

životinje

животиње

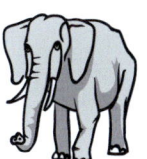

slon

слон

kengur

кенгур

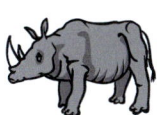

nosorog

носорог

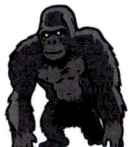

gorila

горила

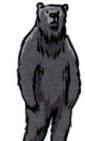

medvjed

медвед

kamila

камила

noj

ноj

lav

лав

majmun

маjмун

flamingo

фламинго

papagaj

папагаj

polarni medvjed

поларни медвед

pingvin

пингвин

morski pas

аjкула

paun

паун

zmija

змиjа

krokodil

крокодил

čuvar u zološkom vrtu

чувар у зоолошком врту

tuljan

туљан

jaguar

jагуар

poni

пони

leopard

леопард

nilski konj

нилски коњ

žirafa

жирафа

orao

орао

divlja svinja

дивља свиња

riba

риба

kornjača

корњача

morž

морж

lisica

лисица

gazela

газела

američki fudbal
амерички ногомет

vožnja bicikla
бициклизам

tenis
тенис

košarka
кошарка

plivanje
пливање

boks
бокс

hokej na ledu
хокеј на леду

fudbal
фудбал

bedminton
бадминтон

laka atletika
атлетика

rukomet
рукомет

skijanje
скијање

polo
поло

skakati / скочити

zagrliti / загрлити

smijati se / смејати се

ići / ићи

pjevati / певати

moliti / молити се

ljubiti / пољубити

sanjati / сањати

pisati
писати

crtati
цртати

pokazati
показати

gurati
гурати

dati
дати

uzeti
узети

imati

имати

raditi

чинити

biti

бити

stajati

стојати

trčati

трчати

raditi

vući

повлачити

baciti

бацити

pasti

падати

ležati

лежати

čekati

чекати

nositi

носити

sjediti

седити

obući

облачити

spavati

спавати

probuditi

пробудити се

pogledati

гледати

plakati

плакати

milovati

миловати

češljati

чешљати

govoriti

говорити

razumjeti

разумети

pitati

питати

slušati

слушати

piti

пити

jesti

јести

pospremiti

поспремити

voljeti

волети

kuhati

кухати

voziti

возити

letjeti

летети

jedriti

пловити

računati

рачунати

čitati

читати

učiti

учити

raditi

радити

vjenčavti

венчати се

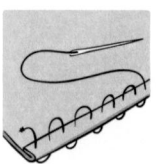

šiti

шити

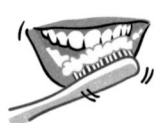

prati zube

прати зубе

ubiti

убити

pušiti

пушити

slati

послати

porodica

породица

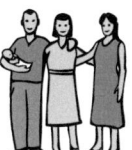

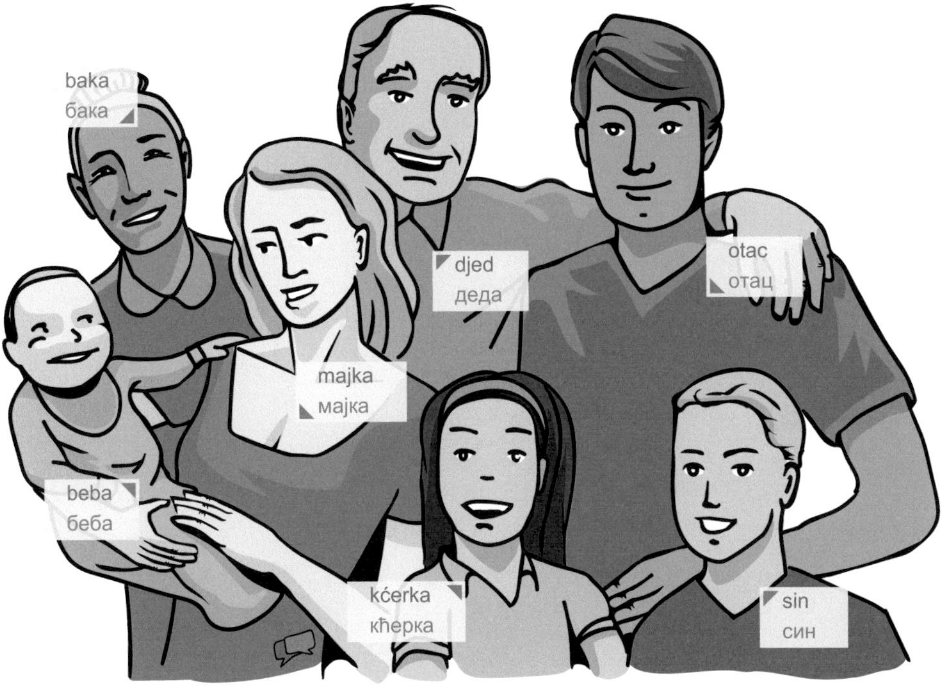

baka
бака
djed
деда
otac
отац
majka
мајка
beba
беба
kćerka
кћерка
sin
син

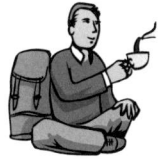

gost

гост

ujna, tetka, strina

тетка

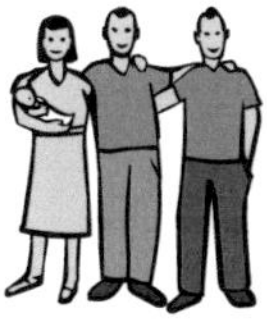

ujak, tetak, stric

ујак, стриц

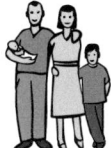

brat

брат

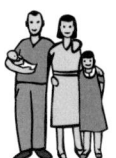

sestra

сестра

tijelo
тело

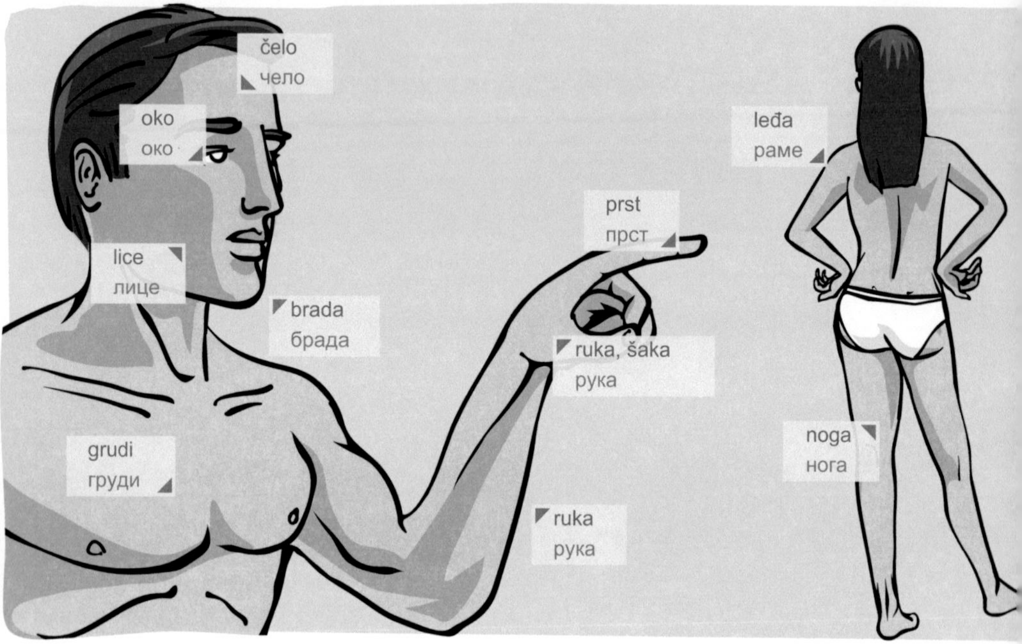

čelo
чело

oko
око

leđa
раме

lice
лице

prst
прст

brada
брада

ruka, šaka
рука

grudi
груди

noga
нога

ruka
рука

beba
беба

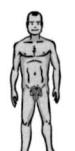
muškarac
мушкарац

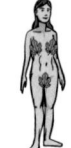
žena
жена

djevojčica
девојчица

dječak
дечак

glava
глава

68

tijelo - тело

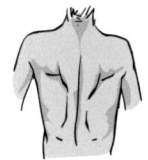

leđa

леђа

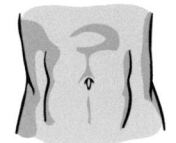

stomak

стомак

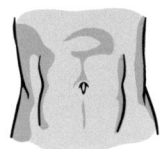

pupak

пупак

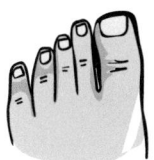

nožni prst

ножни прст

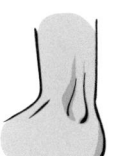

peta

пета

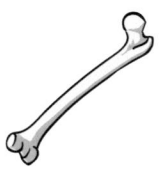

kosti

кост

kuk

кукови

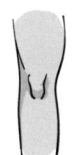

koljeno

колено

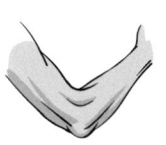

lakat

лакат

nos

нос

stražnjica

задњица

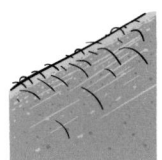

koža

кожа

obraz

образ

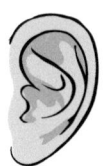

uho

уво

usna

усна

usta

уста

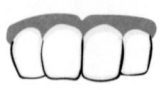

zub

зуб

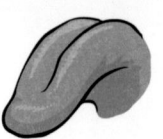

jezik

језик

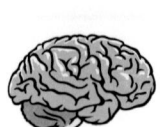

mozak

мозак

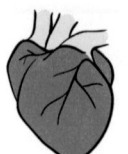

srce

срце

mišić

мишић

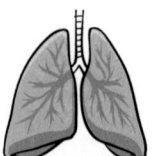

pluća

плућа

jetra

јетра

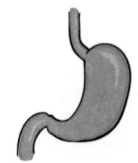

želudac

желудац

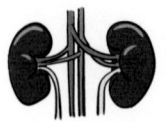

bubreg

бубрези

spolni odnos

полни однос

kondom

кондом

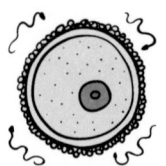

jajna ćelija

јајна ћелија

sperma

сперма

trudnoća

трудноћа

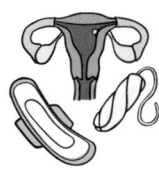

menstruacija

менструација

vagina

вагина

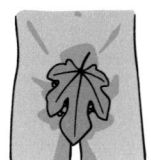

penis

пенис

obrva

обрва

kosa

коса

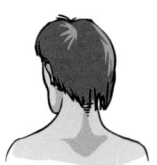

vrat

врат

bolnica
болница

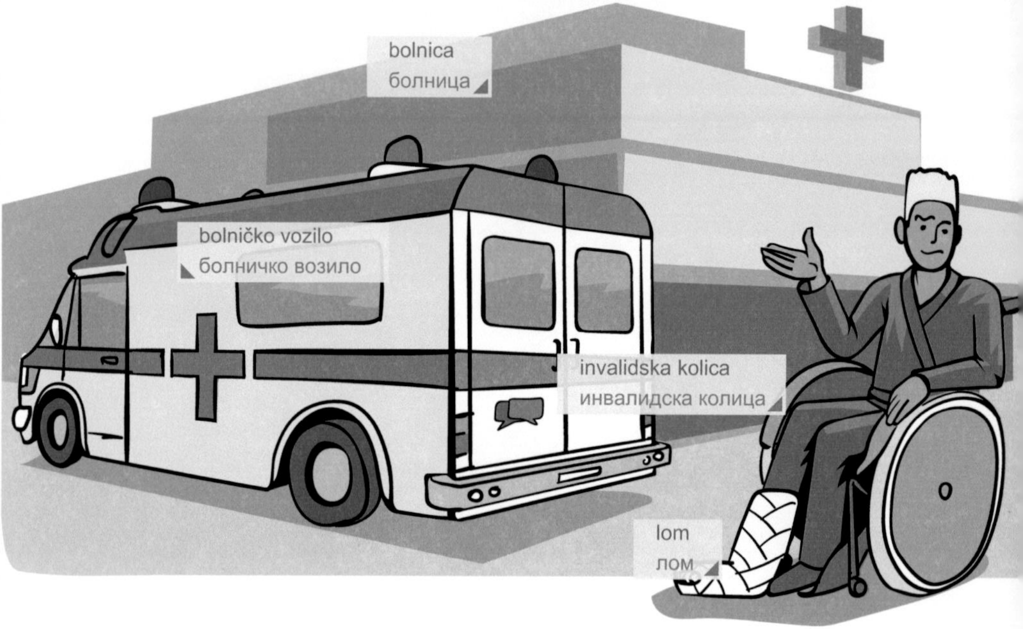

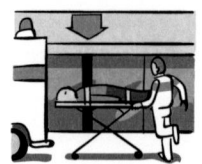

bolnica
болница

bolničko vozilo
болничко возило

invalidska kolica
инвалидска колица

lom
лом

ljekar
лекар

hitna služba
хитна медицинска служба

medicinska sestra
медицинска сестра

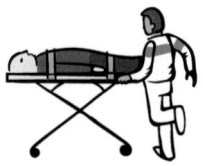

hitna pomoć
хитни случај

nesvjest
несвест

bol
бол

povreda

повреда

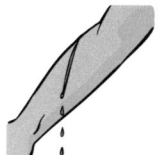

krvarenje

крварење

srčani udar, infarkt

срчани удар

moždani udar

удар

alergija

алергија

kašalj

кашаљ

groznica

грозница

gripa

грипа

proljev

пролив

glavobolja

главобоља

rak

рак

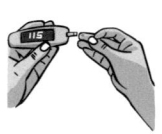

dijabetes

дијабетес

hirurg

хирург

skalpel

скалпел

operacija

операција

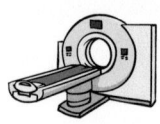

CT

цт

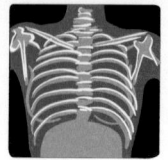

rendgen

рентген

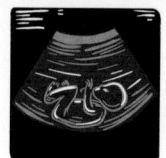

ultrazvuk

ултразвук

maska

маска

bolest

болест

čekaonica

чекаона

štake

штака

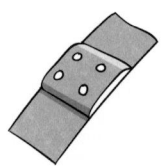

flaster

фластер

zavoj

завој

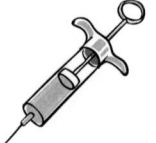

injekcija

ињекција

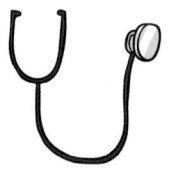

stetoskop

стетоскоп

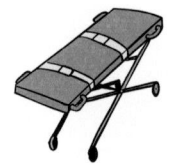

nosilo

носила

termometar

термометар

porod

рођење

prekomjerna težina, debljina

прекомерна тежина

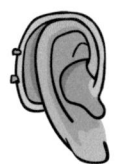

slušni aparat

слушни апарат

sredstvo za dezinfekciju

средство за дезинфекцију

infekcija

инфекција

virus

вирус

HIV/ AIDS

хив / аидс

medicina

медицина

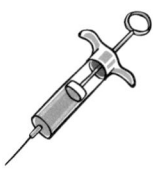

vakcinacija

вакцинација

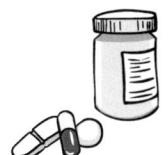

tablete

таблете

pilula

пилула

hitni poziv

хитни позив

aparat za mjerenje pritiska

уређај за мерење притиска

bolestan / zdrav

болесно / здраво

Upomoć!

помоћ!

alarm

аларм

napad, prepad

насртај

napad

напад

opasnost

опасност

izlaz u slučaju opasnosti

излаз у случају нужде

Požar!

пожар!

vatrogasni aparat

противпожарни апарат

nezgoda

незгоца

torba prve pomoći

кутија прве помоћи

SOS

сос

policija

полиција

Europa

Европа

Sjeverna Amerika

Северна Америка

Južna Amerika

Јужна Америка

Afrika

Африка

Azija

Азија

Australija

Аустралија

Atlantik

Атлантик

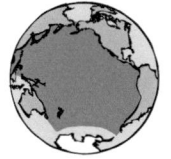

Pacifik

Пацифик

Indijski okean

Индијски океан

Antarktički okean

Антарктички океан

Arktički okean

Арктички океан

Sjeverni pol

Северни рол

Južni pol

Јужни рол

Antarktik

Антарктик

Zemlja

земља

zemlja

земља

more

море

ostrvo

оток

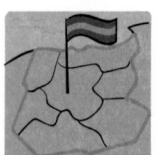

nacija

нација

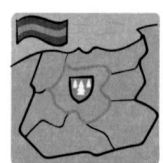

država

држава

brojčanik sata

бројчаник сата

kazaljka sata

сатна казаљка

kazaljka minute

минутна казаљка

kazaljka sekunde

секундна казаљка

Koliko je sati?

Колико је сати?

dan

дан

vrijeme

време

sada

сада

digitalni sat

дигитални сат

minuta

минута

sat

час

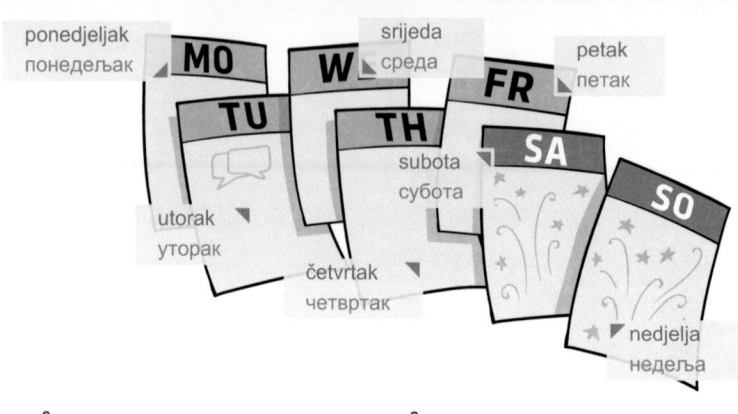

ponedjeljak
понедељак

MO

srijeda
среда

W

petak
петак

FR

TU

TH

SA

subota
субота

SO

utorak
уторак

četvrtak
четвртак

nedjelja
недеља

juče

jуче

danas

данас

sutra

сутра

jutro

jутро

podne

подне

veče

вече

radni dani

радни дани

vikend

викенд

kiša
киша

duga
дуга

vjetar
ветар

snijeg
снег

proljeće
пролеће

jesen
јесен

ljeto
лето

zima
зима

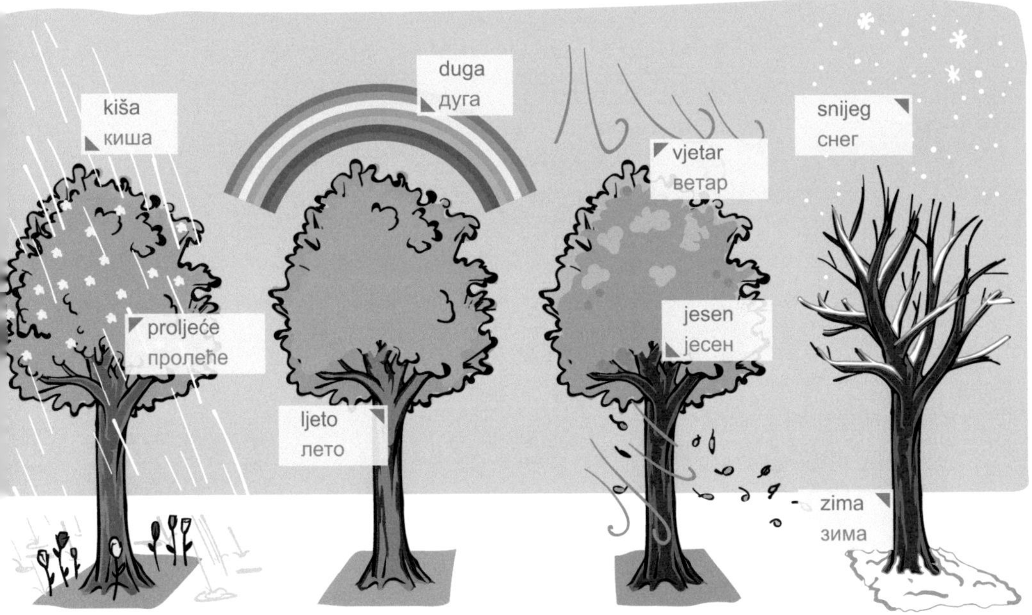

prognoza vremena

метеоролошка прогноза

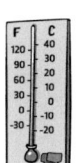

termometar

термометар

sunčev sjaj

сунчана светлост

oblak

облак

magla

магла

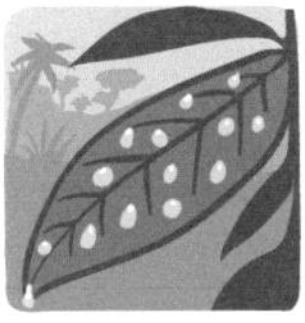

vlažnost vazduha

влажност ваздуха

munja

муња

grom

грмљавина

oluja

олуја

tuča, led

туча

monsun

монсун

poplava

поплава

led

лед

januar

јануар

februar

фебруар

mart

март

april

април

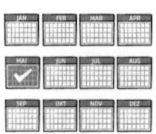

maj

мај

juni

јуни

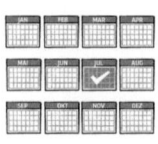

juli

јули

avgust

август

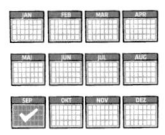

septembar

септембар

oktobar

октобар

novembar

новембар

decembar

децембар

oblici
облици

krug

круг

kvadrat

квадрат

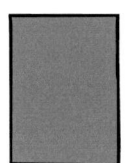

pravougao

правоугао

trougao

троугао

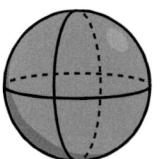

kugla

кугла

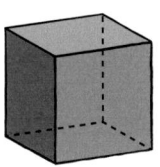

kocka

коцка

bjel

бела

žut

жута

narandžast

наранџаста

pink

ружичаста

crven

црвена

ljubičast

љубичаста

plav

плава

zelen

зелена

smeđ

смеђа

siv

сива

crn

црна

malo / mnogo

много / мало

ljutit / miran

љутито / мирно

lijep / ružan

лепо / ружно

početak / kraj

почетак / крај

veliki / mali

велико / малено

svijetlo / tamno

светло / тамно

brat / sestra

брат / сестра

čist / prljav

чисто / прљаво

potpun / nepotpun

потпуно / непотпуно

dan / noć

дан / ноћ

mrtav / živ

мртво / живо

široko / usko

широко / уско

ukusno / neukusno

јестиво / нејестиво

zao / prijatan

зло / добро

uzbuđen / dosadan

узбуђено / досадно

debeo / mršav

дебело / мршаво

najprije / najkasnije

на почетку / на крају

prijatelj / neprijatelj

пријатељ / непријатељ

pun / prazan

пуно / празно

trvd / mekan

тврдо / мекано

težak / lagan

тешко / лагано

glad / žeđ

глад / жеђ

bolestan / zdrav

болесно / здраво

ilegalan / legalan

илегално / легално

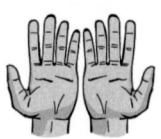

inteligentan / glup

паметно / глупо

lijevo / desno

лево / десно

blizu / daleko

близу / далеко

nov / polovan

ново / половно

ništa / nešto

ништа / нешто

star / mlad

старо / младо

uključeno / isključeno

укључено / искључено

otvoreno / zatvoreno

отворено / затворено

tiho / glasno

тихо / гласно

bogat / siromašan

богато / сиромашно

tačno / pogrešno

тачно / погрешно

hrapav / glatak

храпаво / глатко

tužan / srećan

тужно / сретно

kratak / dug

кратко / дуго

spor / brz

полако / брзо

mokro / suho

мокро / сухо

toplo / hladno

топло / хладно

rat / mir

рат / мир

brojevi
бројеви

0
nula
нула

1
jedan
један

2
dva
два

3
tri
три

4
četiri
четири

5
pet
пет

6
šest
шест

7
sedam
седам

8
osam
осам

9
devet
девет

10
deset
десет

11
jedanaest
једанаест

12	**13**	**14**
dvanaest	trinaest	četrnaest
дванаест	тринаест	четрнаест

15	**16**	**17**
petnaest	šesnaest	sedamnaest
петнаест	шестнаест	седамнаест

18	**19**	**20**
osamnaest	devetnaest	dvadeset
осамнаест	деветнаест	двадесет

100	**1.000**	**1.000.000**
sto	hiljada	milion
стотину	хиљаду	милион

engleski

енглески

američki engleski

амерички енглески

kinesko mandarinski

мандарински кинески

hindi

хиндски

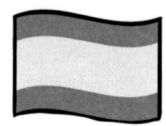

španski

шпански

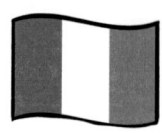

francuski

француски

arapski

арапски

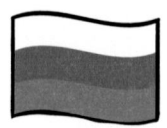

ruski

руски

portugalski

португалски

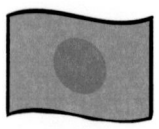

bengalski

бенгалски

njemački

немачки

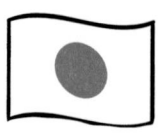

japanski

јапански

ja

ja

ti

ти

on / ona / ono

он / она / оно

mi

ми

vi

ви

oni

они

ko?

Ко?

šta?

Шта?

kako?

Како?

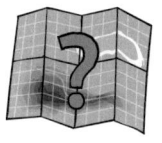

gdje?

Где?

kada?

Када?

ime

име

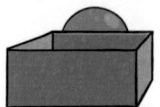

iza

иза

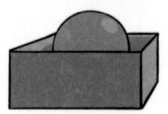

u

у

pred

испред

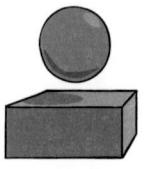

iznad

преко

na

на

ispod

испод

pored

поред

između

између

mjesto

место